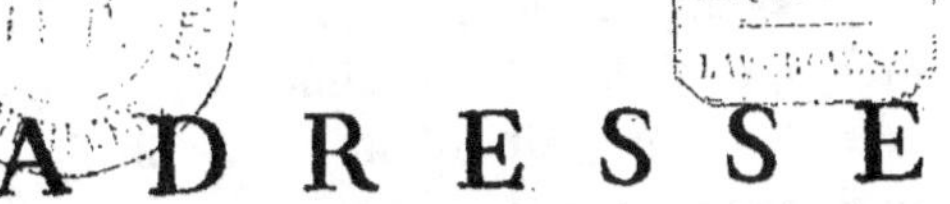

ADRESSE

Des Adminiſtrateurs du Département de l'Aube,

Aux Citoyens, Habitans des Campagnes.

RÉPUBLICAINS, FRÈRES ET AMIS,

Naguères, dans ce siècle de barbarie, que la Liberté vient de faire disparoître, des nobles orgueilleux qui se disoient vos maîtres, sous l'odieux nom de *Corvée*, vous faisoient *gratuitement* couler des sueurs amères ; courbés sous leur verge despotique, un coup-d'œil de ces êtres dénaturés, en vous faisant trembler, vous forçoit aux travaux les plus pénibles & les plus abjects. Les monstres !... Tandis que dans de superbes carosses, ils promenoient avec une morgue insultante, leur luxe & leur oisiveté, le Sans-culotte laborieux, affaissé de fatigues, pour exécuter leurs ordres absolus, souffroit, lui et sa famille, les plus horribles privations !... Cette noire peinture, qui n'est qu'une foible esquisse des maux que vous enduriez, vous fait frémir !... Eh bien, l'unique moyen de vous soustraire à ce joug infâme, & dont l'idée révolte l'homme libre, c'est de vous livrer promptement à la réparation des routes, qui offrent, sur la surface de ce département, l'image la plus affreuse, par leur délabrement actuel. Les communications bientôt devenues impraticables ; la correspondance avec l'intérieur interrompue ; le passage fermé à nos braves défenseurs ; leurs vies en danger, faute de subsistances ; le commerce, cette branche précieuse de l'industrie, totalement détruit ; Voilà la perspective douloureuse des maux qui nous attendent, si vous ne vous hâtez, par des efforts extraordinaires, d'en détourner les funestes effets.

La Patrie implore à grands cris, par la voix de vos Mandataires, le secours de vos bras, pour empêcher sa ruine. D'ailleurs, si vous comparez l'objet de sa demande avec les sacrifices nombreux que la tyrannie exigeoit de vous, vous verrez qu'en travaillant à l'utilité générale, vous agissez pour vos propres intérêts. La Nation, en vous associant à ses travaux auxquels tous ses membres doivent concourir également, puisque nous ne faisons plus qu'une seule et même famille, veut qu'un juste salaire proportionnel à vos services, vous dédommage de vos peines.

Quoi ! le moindre signe du despotisme vous faisoit rompre les digues les plus insurmontables , braver les plus affreux dangers , sans autre espoir que la crainte du châtiment ; et quand la liberté , avec son doux sourire , vous invite à sa défense ; quand un père , un frerè , un fils vous tendent les bras & vous disent : *Sauvez - nous, vous en êtes les maîtres* ? vous seriez sourds à leurs cris , vous hésiteriez un instant !

Non , Républicains , ce doute vous est injurieux , & jamais l'honneur n'a besoin d'impulsion pour des ames libres. Les loix des 16 frimaire & 4 pluviôse derniers , nous font un devoir de vous requérir. Un arrêté du Conseil exécutif , & des lettres multipliées du Ministre , en nous enjoignant expressément cette mesure salutaire , nous constituent responsables du moindre retard que nous mettrions à leur rendre compte de l'avancement de vos travaux.

Vous allez voler aux atteliers qui vous seront désignés : hommes , chevaux , bœufs , voitures , matériaux , tout doit y être rendu dès aujourd'hui , & les routes rétablies d'ici *au 15 Germinal prochain*. Ce délai nous est très-rigoureusement prescrit , mais vous suppléerez à son court intervalle , par une activité soutenue de notre exemple.

Pour imprimer à votre travail la rapidité nécessaire à sa prompte confection , vous retiendrez parmi vous vos collaborateurs des communes éloignées. Vos habitations seront instantanément les leurs. Le lien sympathique de l'amitié fraternelle , qui caractérise les Républicains , les

fixera près de vous , & ils seront accueillis par les doux
soins de l'hospitalité que vous leur prodiguerez. Enfin ,
nous verrons régner entr'eux & vous , une sainte & gé-
néreuse émulation à qui méritera le mieux de la patrie.
Espoir flateur , capable d'inspirer l'enthousiasme sacré de
la liberté dans les cœurs les plus insensibles ! ... Par
des efforts multipliés, vous mériterez des droits à sa re-
connoissance & à la nôtre.

Signé THOMAS, *Président.*

JACQUINOT, *Secrétaire général.*

Troyes , ce 9 Ventôse , an second de la République
Française , une et indivisible.

EXTRAIT

DU REGISTRE DES DELIBERATIONS

De l'Administration du Département de l'Aube.

Séance publique, du 9 Ventôse, l'an 2 de la République française, une & indivisible.

L'Administrateur, chargé de la surveillance du bureau des travaux publics, a dit que l'administration venoit de prendre un arrêté, par lequel, en rappellant aux entrepreneurs des routes, leurs obligations, elle leur fixoit, pour terme de l'entière confection de leurs travaux, le 15 Germinal prochain, conformément à la loi, faute de quoi, & passé ledit délai, ils seroient poursuivis avec la dernière rigueur : mais, qu'il falloit prendre des mesures pour procurer à ces mêmes entrepreneurs des ouvriers, comme aussi réparer les parties de routes, non-adjugées ; que le ministre de l'intérieur, par sa lettre du 7 de ce mois, en mettant des fonds, à la disposition de l'administration, insistoit fortement à ce qu'elle lui rendit un compte prochain de leur emploi, & que pour y parvenir, il est indispensable d'user de la voie des réquisitions prescrite par l'article V de la loi du 4 Pluviôse dernier;

Sur quoi la matière mise en délibération :

Vû l'arrêté du Conseil exécutif, en date du 18 Nivôse,

es ois des 16 Frimaire & 4 Pluviôse derniers, qui ordonnent la prompte réparation des routes;

Les lettres du ministre de l'intérieur des 22 & 29 Pluviôse dernier & 7 Ventôse présent mois, qui fixent au 15 Germinal prochain, le dernier terme de rigueur pour le retablissement des routes ;

La lettre du citoyen Montrocher, ingénieur en chef, en date de cejourd'hui, par laquelle, en présentant à l'administration les mesures à prendre, pour remplir le but de la loi, il l'invite à ne pas perdre de tems;

Considérant d'ailleurs, que sur tous les points du département de l'aube, l'état des routes est tel, que sans de promptes réparations, elles deviendroient dans peu impraticables, & que le transport des convois militaires, le passage des troupes, les communications avec l'intérieur, seroient interrompues; ce qui seroit préjudiciable aux intérêts de la chose publique :

Considérant que le salut de la patrie, qui en dépend, est une loi impérieuse pour les mandataires du peuple;

L'administration, vû l'urgence, a arrêté ce qui suit:

ARTICLE PREMIER.

Toutes les routes du département seront réparées et mises en bon état, avant le 15 germinal (vieux style 4 avril), conformément à l'article VI du décret de la Convention nationale du 16 frimaire dernier.

I I.

Toutes les routes ou parties de routes, dont les ouvrages ne sont pas actuellement adjugés, seront réparées par le moyen des réquisitions, en conformité de

de l'arrêté du comité de salut public du 18 nivôse dernier;
vû le bref délai fixé pour l'exécution.

I I I.

Dans le cas de l'article précédent, les Municipalités
des communes à la proximité des routes, jusqu'à la distance
de deux lieues au plus, seront requises sans délai, par
les directoires des districts de fournir tous les voituriers, manouvriers, chevaux & bestiaux de trait desdites communes,
pour l'exécution des tâches qui leur seront réparties, &
dont le prix sera fixé & payé, comme il sera dit ci-après.

1 V.

Si pour accélérer la confection de leurs tâches, les
voituriers & manouvriers des communes les plus éloignées
jugeoient à propos de ne pas retourner coucher chez
eux, il est enjoint aux municipalités des communes voisi-
nes des parties de routes dont ils seront chargés, de leur
procurer le gîte, à la charge par eux de payer les comes-
tibles, fourrages & denrées, qui leur seront fournis par
les habitans de ces dernières communes.

V.

Pour que les travaux de la culture des terres & autres
objets pressans d'intérêt public, ne soient pas interrom-
pus ou qu'ils éprouvent le moindre retard possible, les
réquisitions ne comprendront à la fois que la moitié des
voituriers & des manouvriers, chevaux & bestiaux de trait.

Si cependant quelques communes jugeoient convenable
de se présenter en entier pour accélérer le travail, elles y
seroient admises.

V I.

Les réquisitions pour les convois militaires & l'approvi-
sionnement des armées de la République, étant de la plus
grande importance, ne pourront être suspendues ni retar-
dées par celles qui seront faites pour la réparation des routes. Mais les municipalités en donneront avis aux directoires de district, pour qu'il soit pris tel parti qu'il con-
viendra relativement aux tâches des voituriers requis pour
le service militaire.

V I I.

La longueur de route à réparer par chaque commune
en réquisition, sera déterminée & fixée par l'administration,
d'après les devis estimatifs dressés par l'ingénieur en chef
du département.

V I I I.

La tâche générale de chaque commune sera divisée en
deux parties égales pour la première & la seconde moitié
qui seront requises successivement.

Chaque moitié sera ensuite subdivisée par les municipalités, avec l'aide des employés des Ponts & chaussées,
en autant de tâches particulières qu'elle comprendra de
voituriers, & ce, proportionnellement au nombre de leurs
chevaux & bestiaux de trait.

I X.

Ces portions seront les tâches à remplir par les voituriers
qui se procureront eux-mêmes, de gré à gré, ou par voie
de perquisition, si besoin est, le nombre de manouvriers,
qui leur sera nécessaire, & les payeront.

9
X.

Aucune commune , ou moitié de commune collective-
ment, ne pourra donner sa tâche à l'entreprise ; le but de
la réquisition étant que tous les voituriers avec les manouvriers qu'ils se seront adjoints, travaillent par eux-
mêmes, tous à la fois, pour la prompte exécution de l'ouvrage.

X I.

Si quelque voiturier individuellement a des motifs va-
lables pour ne point exécuter sa tâche par lui-même, il
pourra se faire suppléer par un autre voiturier , pourvû
que ce dernier ne soit point pris dans une des communes en
réquisition, ou du moins dans une des divisions réquises
en même tems ; afin que ce suppléant ne soit pas chargé
de deux tâches à la fois.

X I I.

Le voiturier qui aura marchandé sa tâche , en demeu-
rera néanmoins personnellement responsable , & c'est
contre lui seul que l'administration se pourvoira , pour
l'exécution , sans avoir aucun égard à son marché.

X I I I.

Tout l'ouvrage à faire tant en extraction que transport, préparation & emploi de matériaux , sera estimé &
payé , à la toise courante , suivant la valeur actuelle des
journées d'hommes & de voitures , & proportionnellement
à la distance des lieux, où seront pris les matériaux. Les
prix seront arrêtés par l'administration.

X I V.

Le salaire des manouvriers sera compris dans l'estimation des tâches ; c'est pourquoi , ils seront à la solde des voituriers & payés suivant le prix dont ils conviendront entr'eux.

X V.

L'exécution des ouvrages sera suivie par les conducteurs des travaux des routes , sous la direction des ingénieurs, & la surveillance d'un commissaire-adjoint.

Le directoire de chaque district nommera le commissaire de son arrondissement, qu'il prendra parmi les membres de son conseil-général.

X V I.

Chaque voiturier sera payé , dès que sa tâche sera finie , & qu'elle aura été reçue , sauf un à-compte qui pourra lui être donné au besoin.

X V I I.

La réception des tâches se fera par l'ingénieur ordinaire , & en son absence, par le conducteur des travaux, en présence du commissaire-adjoint qui signera l'acte de réception.

X V I I I.

S'il y avoit des délinquants , (ce qu'on ne présume pas) le directoire de district feroit , sur-le-champ, exécuter l'ouvrage , dont ils seroient en retard , par des voituriers & manouvriers, qu'il se procureroit , à tel prix que ce fut , aux frais de ces délinquants , de manière que leur tâche soit achevée au terme du 15 germinal , pour tout délai.

XIX.

Les directoires des districts sont invités , au nom sacré de
la patrie , à surveiller toutes les opérations, avec l'activité qu'elles exigent.

X X.

Il sera fait une adresse aux habitans des campagnes.
Elle sera placée en tête de la présente délibération. Elle
seront toutes deux imprimées & envoyées par des courriers
extraordinaires aux directoires de districts , pour être trans-
mises aux communes requises. Il en sera également
envoyé des exemplaires au ministre de l'intérieur , au comité central des Ponts & chaussées & à l'ingénieur en chef.

Signé : Thomas, Raverat, Guérin , Péquéreau,
Truelle, Gobin , Garnier, *Administrateurs ;* Jacquinot,
Sécrétaire-général.

Certifié conforme à la minute ,
JACQUINOT , *Secrétaire-général.*

A TROYES,
De l'Imprimerie d'ANDRÉ, Imprimeur du
Département de l'Aube.

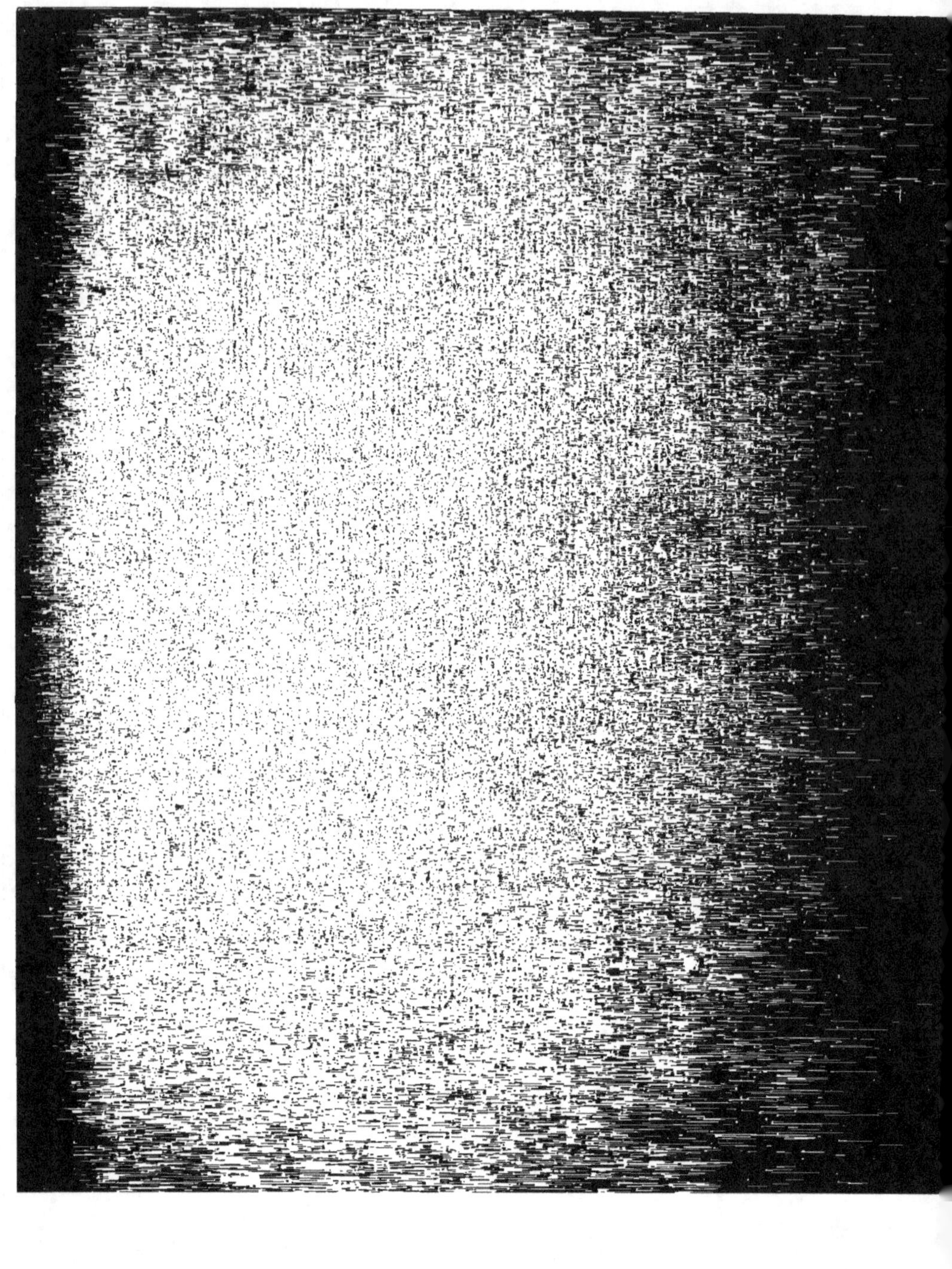